Michael H. Buchholz

Wie du das Beste aus dir herausholst

Ein Handbuch für alle Seminare

Michael H. Buchholz

Wie du das Beste aus dir herausholst

Der Schlüssel zum Seminarerfolg

Ein Handbuch
für alle Seminare

Die Deutsche Bibliothek – CIP Einheitsaufnahme

Buchholz, Michael H.:
Wie du das Beste aus
dir herausholst - Der Schlüssel zum
Seminarerfolg / Michael H. Buchholz. –
1. Aufl. – Sehnde: Aniris Verlag, 2003

1. Auflage Juli 2003

© Copyright 2003 by ANIRIS Verlag, Wilbert Kronisch & Partner GbR
Sehnde

Lektorat: Sabine Buchholz
Satz und Gestaltung: m/team
Druck: FINIDR, b s. r. o., Český Tesín, Tschechische Republik
Covergestaltung: m/team, Hannover

Alle Rechte der Verbreitung, auch durch Funk, Fernsehen, fotomechanische Wiedergabe, Internet, Tonträger jeder Art und auszugsweisen Nachdruck sind vorbehalten.

Autor und Verlag haben alle in diesem Buch verwendeten Hinweise sorgfältig geprüft. Eine Garantieübernahme des Verlages oder des Autors sowie Schadensersatzansprüche jeglicher Art sind jedoch ausgeschlossen.

ISBN 3-937281-00-2

Inhaltsverzeichnis

Einleitung	10
Der Banalitätsfalle	13
Der Banalitätstest	17

Kapitel 1

Vor dem Seminar	19
Die Auswahl	20
Legen Sie Ihre persönlichen Lernziele fest	25
Die Anmeldung	35
Die Unterbringung	38
Die Anreise	41

Kapitel 2

Unmittelbar dabei	45
Übernehmen Sie die Verantwortung	46
Knüpfen Sie Kontakte	51

Kapitel 3

Und danach	57
Die Abreise	58
Machen Sie Ihren 1. Schritt binnen 72 Stunden	62
Beherzigen Sie das 21-Tage-Phänomen	65
Holen Sie sich das Gelernte gleich mehrfach (wieder)	69

Anhang

Kontaktadresse	73
"Gute Laune-Generator"	74
Über den Autor	76

Seminar: lat. *seminarum* „Pflanzschule"

Wer ist für das Wachstum zuständig?

Antwort: die Pflanze.

Will sie nicht, hat der beste Gärtner keine Chance.

Einleitung

Liebe Leserin,
lieber Leser,
als erstes beglückwünsche ich Sie.

Sie gehören zu den Menschen, die sich für Ihre Weiterbildung und Weiterentwicklung interessieren und einsetzen. Sonst hätten Sie dieses Handbuch nicht zur Hand genommen und sogar *darin zu lesen* begonnen. Wow! Damit gehören Sie zu einer – fast möchte ich sagen: elitären Gruppe –, die, verglichen mit der großen Mehrheit der Bevölkerung, verschwindend klein ist. Immer noch und trotz des angebrochenen 21. Jahrhunderts.

Um Ihre persönliche Weiterentwicklung zu unterstützen, habe ich hier, wie ich hoffe, ein paar einfache, aber wesentliche Dinge zusammengetragen. Dinge, die Ihnen das Seminarerlebnis zu einer rundum positiven Erfahrung werden lassen.

Sehen Sie, es gibt im Grunde nur zwei Arten von Seminaren.

Nämlich Seminare, für die Ihr Arbeitgeber bezahlt (und auf die Sie manchmal geschickt werden, ob Sie es nun wollen oder nicht). Hier organisiert Ihr Arbeitgeber in der Regel alles: die Anreise, die Unterbringung usw. Das ist sehr bequem (für Sie), kann aber den Nachteil mit sich bringen, daß Sie überhaupt keine Mitsprache bei der Auswahl der Trainer/-innen und den jeweiligen Themen haben.

Und dann gibt es die Seminare, die Sie selbst aussuchen, bezahlen (ja, auch das) und aus eigenem Antrieb besuchen. Hier nehmen Sie Ihre persönliche Weiterbildung in die eigene Hand. Und einen Teil der Organisation damit ebenso.

Dieses Handbuch habe ich für beide Seminararten geschrieben. Es ist für alte Seminarhasen ebenso geeignet wie für Erstteilnehmer/-innen.

Egal, welchen Inhalt letztlich Ihr Seminar vermittelt und von wem es geleitet wird – es gibt eine Reihe von wichtigen Faktoren, die ganz erheblich zum Erfolg eines jeden Seminares beitragen. Auf die meisten haben Sie einen hohen Einfluß.

Welche Faktoren das sind und wie Sie Ihren Einfluß zu Ihrem Vorteil nutzen können, darüber klärt Sie dieses Handbuch auf.

Möge es Ihnen vielfach helfen: beim Geld sparen, beim (genauso wichtigen) Zeit sparen, beim Wohlfühlen, bei Ihrer anschließenden Zufriedenheit mit dem Erlebten, und nicht zuletzt – beim Lernen.

Was auf den folgenden Seiten steht, gilt für jedes Seminar, das Sie zu besuchen gedenken. Investieren Sie im Vorfeld in das kleine Handbuch ein paar Minuten Ihrer Zeit – es lohnt sich wirklich. Hinter den Hinweisen und Tips stehen immerhin 12 Jahre Erfahrung, in denen ich Seminare durchführe und leite. Sie sind hiermit eingeladen, von dieser Erfahrung vielfachen Gebrauch zu machen. Nutzen Sie sie.

Ich wünsche Ihnen viel Erhellendes beim Lesen und den bestmöglichen Erfolg bei Ihren nächsten Seminaren. Vielleicht sehen wir uns ja sogar dort. Ich würde mich freuen.

Herzlichst, Ihr
Michael H. Buchholz *Hannover, im Mai 2003*

Die Banalitäts-Falle

Bevor es richtig losgeht, sollten Sie die Banalitätsfalle kennenlernen. Ehe Sie noch blindlings hineinstolpern.

Sehen Sie: Es gibt nur drei Arten von Informationen. Demzufolge können Sie auch nur diese drei Arten von Informationen bekommen. Logisch.

Dies sind:

1. Informationen, die für Sie wirklich NEU sind;

2. Informationen, die Sie schon KENNEN;

3. Informationen, die Sie SCHON kennen.

Nein, hier handelt es sich nicht um einen Druckfehler. Und ich habe auch nicht vor, Sie an der Nase herum zu führen. Tatsächlich unterscheiden sich die beiden Kategorien 2. und 3. ganz erheblich voneinander. Aber der Reihe nach.

Wichtig ist nämlich, wie Ihr Gehirn auf die jeweilige Informationsart reagiert.

1. **Bei Informationen, die für Sie wirklich NEU sind:** Hier „nickt" Ihr Gehirn sozusagen beifällig und nimmt diese neuen Informationen bereitwillig an, wenn es sie im weitesten Sinn als interessant und nützlich erkennt. Und Ihr Unterbewußtsein signalisiert Ihnen: „Aha! Das ist ja spannend, weil ..."

2. **Bei Informationen, die Sie schon KENNEN:** Gemeint sind Informationen, die Sie in der Vergangenheit *bereits umgesetzt* haben. Hier „nickt" Ihr Gehirn regelrecht begeistert. Es weiß ja, wovon die Rede ist. Und Ihr Unterbewußtsein signalisiert Ihnen: „Das stimmt! Das ist richtig! Ich erinnere mich ..." Sie kennen den Effekt vielleicht von eigenen Unterhaltungen her. Mit niemandem können Sie sich so gut unterhalten wie mit einem Menschen, der mit Ihnen ein Interessengebiet teilt. Beispiel:

Worüber reden zwei Fußballbegeisterte am liebsten? Über Fußball. Beide wissen über das Thema genau Bescheid, und doch macht es ihnen oft stundenlang Spaß, über das beiden *Bekannte* zu fachsimpeln.

Die BANALITÄTS-FALLE lauert bei der dritten Art.

3. Bei Informationen, die Sie SCHON kennen: ... und *noch nicht* umgesetzt haben, *gleichwohl Sie über die Information längst verfügen*.

Hier hat jetzt Ihr Unterbewußtsein ein riesiges Problem. Es soll Sie schützen und beim Lernen unterstützen. Dafür ist es da. Doch jetzt trifft es auf eine Information, die Sie sehr wohl SCHON kennen, die Sie aber (warum auch immer) noch nicht umgesetzt haben. Wenn die Information tatsächlich nützlich ist und Sie sie bisher nicht umgesetzt haben, müßte Ihr Unterbewußtsein Ihnen im Grunde sagen: „Du bist bescheuert, mein(e) Liebe(r)! Du handelst gegen deine eigenen Interessen!" Das kann es aber nicht, weil es Sie ja gleichzeitig vor Schaden schützen soll. Und die Erkenntnis, daß Sie in

Wahrheit bescheuert sind und gegen Ihre eigenen Interessen handeln, wäre ein Angriff auf Ihr Selbstwertgefühl. Und davor muß es Sie schützen. Ein echtes Dilemma.

Was tut es also? Es greift zum rettenden Strohhalm. Und reicht ihn geschickt an Sie weiter. Es schickt Ihnen nämlich Gedanken wie:

„Das ist ja banal!"
„Na ja, neu ist das nun gerade nicht!"
„Ach, wie einfach. Na, wenn das so einfach ist, taugt es bestimmt nichts!" usw.

Mit anderen Worten: es wertet die Information ab, indem es die Information als banal, simpel, unwichtig oder ähnlich geringschätzig einstuft.

Die BANALITÄTS-FALLE besteht nun darin, daß genau diese Information für Sie gerade jetzt **sehr wichtig** sein *könnte*. Und mit einiger Wahrscheinlichkeit auch ist.

Darum hüten Sie sich vor der BANALITÄTS-FALLE!

Gerade wenn – und wenn Ihnen gerade – Gedanken wie „das ist ja banal!" durch den Kopf gehen, könnte es sich dabei in Wahrheit um eine für Sie äußerst *nützliche* Information handeln. Tricksen Sie nun wiederum Ihr Unterbewußtsein aus, indem Sie den folgenden Banalitätstest machen.

Der Banalitätstest
(nach Vera F. Birkenbihl)

Notieren Sie sich zunächst den betreffenden banalen Gedanken. Am besten auf einige kleine farbige Klebe-Zettel, sogenannte Post-It's.

Post-It-ieren Sie die Zettel an möglichst unterschiedlichen Orten, bei denen die Chance hoch ist, daß Sie über die Zettel im Laufe des folgenden Tages stolpern werden (am Rückspiegel Ihres Wagens, an Ihrem Telefon, in Ihrer Geldbörse). Und wann immer Sie einen der Zettel erblicken, fragen Sie sich kurz, ob die Information auch im Kontext der Gedanken, die Sie gerade jetzt denken, immer noch banal ist.

Kommen Sie immer wieder zu dem Ergebnis „ja, das ist banal", dann handelt es sich wahrscheinlich wirklich um eine niederrangige Information.

Sehr oft aber werden Sie feststellen, daß in unterschiedlichen Themen-Zusammenhängen derselbe Gedanke sehr wohl alles andere als banal sein kann. Stellen Sie das fest, gratulieren Sie sich! Sie sind der Banalitätsfalle entronnen.

Und jetzt haben Sie eine Chance: Heben Sie diesen Schatz, indem Sie die Information endlich für sich tatsächlich umsetzen.

Das sei aber banal, sagen Sie? Nun ...

Und damit sind Sie auch schon mittendrin in Ihren **Seminarvorbereitungen** ...

Kapitel 1

Vor dem Seminar

- Die Auswahl
- Legen Sie Ihre ganz persönlichen Lernziele fest
- Die Anmeldung
- Die Unterbringung
- Die Anreise

Die Auswahl

Wer die Wahl hat ... ja, es gibt *sehr* viele Anbieter von Weiterbildungsveranstaltungen, und es ist nahezu unmöglich, aus der Fülle der Angebote nur mit reiner Logik eine sichere Auswahl zu treffen.

Wenn Sie es schon versucht haben, wissen Sie, was ich meine.

Hören Sie deshalb auch verstärkt auf Ihre Intuition. Wenn Sie eine Anzeige lesen oder sonstwie auf ein Angebot aufmerksam werden, achten Sie darauf, ob etwas in Ihnen „klingelt". Ihr Unterbewußtsein weiß in aller Regel sehr gut, was gut für Sie ist. Dafür ist es schließlich da. Es würde Ihnen kein gutes Gefühl senden, wenn es nicht berechtigt wäre. Und ebenso wird es seine mahnende Stimme nur erheben, wenn dafür Gründe vorhanden sind.

Hören Sie darum auf Ihre Intuiton, wenn Sie einen Seminaranbieter in die engere Wahl ziehen.

Eine gute Möglichkeit, mehr über den Anbieter zu erfahren, ist ein Besuch seiner Website. Hier erfahren Sie Details und auch, ob es Veröffentlichungen des Trainers oder der Trainerin gibt. Autorität kommt von Autor(enschaft). Schauen Sie – sofern vorhanden – in die Bücher hinein; wenn Ihnen der Stil der Bücher schon nicht zusagt, wird Ihnen aller Wahrscheinlichkeit auch der Stil des Seminars nicht besonders zusagen.

Die nach wie vor beste Möglichkeit, etwas über die Qualität eines Seminares zu erfahren ist: erkundigen Sie sich bei anderen, die schon dort waren. Sie kennen keine anderen? Nun, der jeweilige Veranstalter kennt sie gewiß. Fragen Sie dort nach. Seriöse Unternehmen geben Ihnen gern Referenzen.

Eines bleibt gewiß:

Jeder Seminarbesuch ist eine Investition in Sie selbst. Eine Investition in Sie persönlich, das ist eine, die sich lohnen sollte, oder? Ich meine, für Sie. Wägen Sie eine Teilnahme deshalb NIEMALS allein nach dem vielleicht günstigeren Preis eines Mitanbieters ab. Treffen Sie Ihre Wahl nach den Leistungen.

Fragen Sie sich: Welche Leistungen – auf die Sie unter Umständen gerade besonderen Wert legen – entfallen bei dem deutlich preiswerteren Mitanbieter, um den günstigeren Preis überhaupt erst möglich zu machen?

Fragen Sie sich weiterhin ehrlich, wieviel Sie sich selbst wert sind. Verzichten Sie besser jetzt auf eine Teilnahme, wenn Ihnen augenblicklich das Geld dafür fehlt. Dafür ersatzweise ein preiswerteres Seminar zu buchen, das Ihnen aber am Ende nichts bringt, hat wenig Sinn, nicht wahr? Sparen Sie lieber Ihr Geld und wählen Sie einen späteren, besseren Zeitpunkt für die geplante Investition in den wertvollsten Besitz, den Sie haben – in Sie selbst!

Beachten Sie: Sie investieren ja nicht nur Ihr Geld, sondern auch Ihre vielleicht sogar noch wertvollere Lebenszeit.

WICHTIG – klären Sie zudem vorher ab:

Wie groß ist die Seminargruppe? Je größer die Gruppe, desto eingeschränkter kann sich eine Seminarleitung noch Ihnen persönlich widmen. Bei Gruppen ab 30 Personen „verschwinden" Sie in der Menge der anderen Teilnehmer/-innen.

Besteht überhaupt die Möglichkeit zu einem persönlichen Gespräch mit der Trainerin / mit dem Trainer während des Seminars? Nimmt sich die Leiterin / der Leiter auch Zeit für Sie?

Können Sie außerdem nach dem Seminar noch mit ihm/ihr persönlichen Kontakt aufnehmen? Oft tauchen Fragen erst nach dem Seminar auf. Besteht die Möglichkeit eines weiterführenden Nach-Coachings? Persönlich bin ich davon überzeugt:

Ein erfolgreicher Seminarbesuch ist eines der schönsten Geschenke, das Sie sich selbst machen können. Es sollte daher immer einem 5-Gänge-Menü (angerichtet von einem 5-Sterne-Koch) gleichen, und nicht einem Massenprodukt aus einem unpersönlichen Schnellrestaurant ähneln. Einverstanden?

Hand auf's Herz: Was wollen Sie lernen? Wohin wollen Sie sich auf den Weg machen? Wie wollen Sie lernen?

Womit wir schon bei Ihren **Lernzielen** wären ...

Legen Sie Ihre ganz persönlichen

Lernziele fest

Immer diese Entscheidungen … aber andererseits:

Ohne Ziele dümpeln Sie orientierungslos auf dem Ozean des Lebens dahin. Sie werden zwar irgendwann

und irgendwo anlanden, aber ob Sie dorthin wollten und ob Sie dort zufrieden sind, ist eine ganz andere Geschichte.
Mit Zielen wissen Sie, wohin Sie wollen, wohin die Reise geht, und Sie können darauf wie auf einen Leuchtturm zusteuern. Das gilt für das Leben an sich – selbstverständlich auch für Seminare.

Legen Sie darum Ihre persönlichen Lernziele für sich – am besten schriftlich – fest. Dann wissen Sie, was genau Sie überhaupt lernen wollen.

Mit eindeutigen, vorformulierten Lernzielen setzen Sie sich bildlich gesprochen eine "Spezialbrille" auf.

Eine solche Vorgehensweise bietet Ihnen gleich VIER Vorteile:

1. Vorteil: Alle Informationen nehmen Sie ungleich fokussierter, intensiver und aufmerksamer auf.
Machen Sie den Test: Setzen Sie sich heute einmal die Spezialbrille „Mütter mit Kinderwagen" auf. Sobald Sie darauf bewußt achten, fallen Ihnen Mütter mit Kinderwagen quasi im Dutzend auf, wol-

len wir wetten? Nutzen Sie diesen **Fokus-Effekt** für sich aktiv im Seminar! Dies tun Sie, wenn Sie Ihre persönlichen Lernziele vorher schriftlich festhalten.
2. Vorteil: Sie können alle nützlichen Informationen dazu passend zugeordnet notieren.
So sehen Sie auch, ob Sie zu Ihren Lernzielen überhaupt zusätzliche Informationen bekommen. Dabei bieten sich unterschiedliche Methoden an.

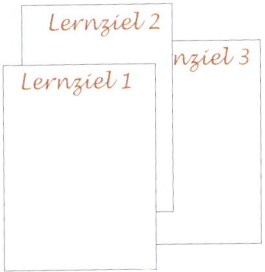

METHODE A: Nehmen Sie z.B. je Lernziel ein **gesondertes Blatt**:

Darunter notieren Sie dann die Informationen, die Sie später im Seminar erhalten.

Lernziel 1	Lernziel 2	Lernziel 3

METHODE B: Arbeiten Sie **tabellarisch** im Querformat, indem Sie je Lernziel eine Spalte anlegen: Und wieder notieren Sie zu den jeweiligen Lernzielen die Informationen, die Sie später im Seminar erhalten.

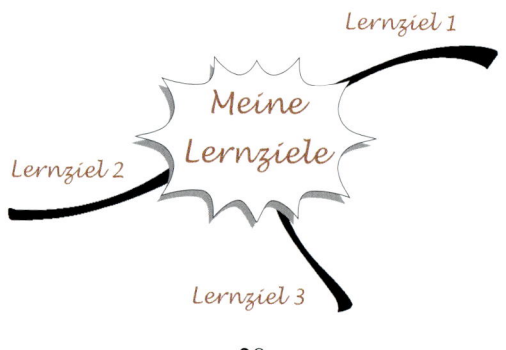

METHODE C: Wenn Sie die Technik der **Mind-Map** wählen, können die Hauptäste Ihre Lernziele abbilden:
Als Nebenäste fügen Sie später im Seminar die dazu gereichten Informationen an.

METHODE D: Eine sehr gute Vorbereitung ist auch, sich assoziative Begriffe zum Seminarthema zu überlegen. Angenommen, Sie gehen zu einem Seminar, das sich mit „Rhetorik" beschäftigt.

RHETORIK

Dazu nehmen Sie zuerst ein Blatt Papier **quer** und schreiben in seine Mitte
Dann fügen Sie zu jedem Buchstaben des Wortes Begriffe an, die Ihnen – als Lernziele – dazu als wesentlich erscheinen oder auch spontan einfallen.

Mit mehr **E***nergie auftreten*

E*hrlich, authen-chen*

O

Spaß am **R***eden bekommen*

O*ffe...*

R H E T

H*urra! (Beifall) erleben und damit umgehen können*

<u>Fernziel:</u>

H*onorar als Redner verdienen!*

Das richtige **T***her...*

ch spre-
nell wirken

r Neues sein

Richtiges zur richtigen
Zeit bringen können

Informieren + unter-
halten können

Kreativ im
Vorfeld sein

O R I K

TORschlußpa-
ik wg. Lampen-
ieber wirksam
ekämpfen

finden lernen

Kompetenz
ausstrahlen

Intelligent auf
Zwischenfragen
reagieren können

Das könnte dann beispielsweise so aussehen (siehe nächste Seite):

Sie sehen, auch so bekommen Sie schon eine gewisse Vorstellung davon, was Sie eigentlich lernen wollen.

Nehmen Sie die Methode, die Ihnen am meisten liegt (die Sie am meisten mögen).

Ganz gleich, welche Sie verwenden, Sie sind Ihren Mit-Seminaristen auf jeden Fall schon weit voraus, da diese in der Regel kaum oder gar nicht vorbereitet erscheinen. Und deswegen oft auch nicht bemerken, was sie nicht lernen.

3. Vorteil: Sie können so die Lernziele, die gegebenenfalls nicht behandelt werden, bei der Seminarleitung einfordern.
Suchen Sie immer wieder nach den Lücken in Ihren Notizen (die leeren Seiten; die Spalten, in denen noch nichts steht; die blanken Äste) und sprechen Sie diese Punkte rechtzeitig genug an.

4. Vorteil: Sie wissen klar und eindeutig – falls etwas doch nicht behandelt wird - bei welchen Themen Sie sich woanders weiterbilden müssen.

Auch Trainer/-innen können nicht alles wissen. Manche Frage wird vielleicht unbeantwortet bleiben; aufgrund Ihrer vorformulierten Lernziele und Ihrer Notizen während des Seminars wissen Sie allerdings immer, welchen Nachholbedarf Sie noch haben.

Sie sehen, mit dieser einfachen Systematik erreichen Sie viel mehr als wenn Sie ohne Lernziele anreisen.

Und wie legen Sie am effektivsten Ihre Lernziele fest? Ganz einfach:

1. Immer schriftlich und

2. mit Hilfe der folgenden Fragen:

- **Was will ich lernen?** *(Was heißt das genau?)*

- **Was will ich hinterher (umsetzen) können?** *(Was heißt das genau?)*

- Was will ich hinterher wissen? *(Was heißt das genau?)*

- Auf welche Fragen möchte ich Antworten bekommen? *(Was heißt das genau?)*

- Mit welchen Themen möchte ich in Berührung kommen? *(Was heißt das genau?)*

So vorbereitet fällt Ihnen die Anmeldung sicher einfacher. Und die Vorfreude macht doppelt Spaß.

Womit wir schon bei Ihrer **Anmeldung** wären ...

Die Anmeldung

Von der Wiege bis zur Bahre, Formulare, Formulare ... na, ganz so schlimm ist es nicht. Aber ein bißchen Papier braucht's halt doch. Wesentlich ist:

Melden Sie sich immer schriftlich an. Also per Brief oder Fax. Viele Seminarunternehmen planen sehr langfristig; es kann sein, daß Sie Ihre Bestätigung, Ihre Rechnung und die sonstigen Unterlagen getrennt voneinander und ein gutes Stück zeitverzögert zugeschickt bekommen. Bei Unklarheiten greifen Sie zum Telefonhörer und nehmen Sie Kontakt mit dem Veranstalter auf.

Eine der Grundseminarregeln lautet: Störungen haben immer Vorrang! Das wissen seriöse Veranstalter und haben darum für jede Ihrer Fragen immer Verständnis.

Die Bezahlung des Seminarhonorars ist in der Regel VOR dem Seminar fällig. Bitte bezahlen Sie rechtzeitig (der Zahlungstermin steht immer in den Unterlagen), damit Sie Ihren Seminarplatz sicherstellen.

Oder wollen Sie hunderte von Kilometern reisen, nur um zu erfahren, daß man Sie bedauerlicherweise von der Liste gestrichen hat?

Vorab zu bezahlen ist darüber hinaus auch schon deswegen fair, weil der Veranstalter bereits etliche Vorlaufkosten hatte, lange bevor das Seminar für Sie überhaupt losgeht.

Die Überweisung ist raus? Prima. Dann sind Sie mit dabei.

Achten Sie aber nicht nur auf eine pünktliche Überweisung, sondern auch auf das sonstige „Drumherum" Ihres Seminarbesuches.

Womit wir schon bei Ihrer **Unterbringung** wären ...

Die Unterbringung

Wie man sich bettet ... Erholung gehört auch mit zu einem Seminar. Und sei es nur die Erholung vom aufregenden Seminartag. Die Grundregel für mich lautet:

Auf einem Seminar sollen *Sie* sich wohlfühlen. Dazu gehört auch eine Unterbringung, die Ihnen gefällt. Je wohler Sie sich fühlen, desto entspannter sind Sie. Und je entspannter Sie sind, desto leichter lernen Sie. Das wissen viele nicht oder vergessen es und legen deshalb auf eine angenehme Unterkunft keinen Wert. Seien Sie cleverer und fragen Sie sich wiederum, was Sie sich denn eigentlich wert sind.

Bei eintägigen Seminaren: Hier entfällt in der Regel eine Übernachtung. Doch suchen Sie sich einen Sitzplatz im Veranstaltungsraum, der Ihnen behagt. Sie werden einen ganzen Tag lang in diesem Raum verbringen. Und nichts wäre so dumm, als wenn Sie sich diesen Tag lang darüber ärgern (und deswegen vom Seminar selbst so gut wie nichts mitbekommen), weil Sie ausgerechnet hinter einer Säule oder einer ausladenden Pflanze sitzen müssen.

Bei mehrtägigen Seminaren: Es ist inzwischen üblich, daß Sie als Teilnehmer/-in für Ihre Unterbringung selbst sorgen, soweit dies Ihr Arbeitgeber nicht für Sie organisiert.

Buchen Sie Ihre Übernachtung(en) darum bitte in eigener Regie. Es sei denn, dies wird ausdrücklich vom Veranstalter mit übernommen. Gehen Sie lieber den direkten Weg und buchen Sie selbst.

So stellen Sie sicher, bei Ihrer Ankunft auch ein Dach über dem Kopf und ein gemütliches Bett darunter vorzufinden. Und reservieren Sie rechtzeitig. Damit meine ich wirklich zwischen 6 bis 10 Wochen im voraus. Sie wissen nie, ob nicht gerade zu Ihrem Seminartermin eine Messe im gleichen Ort oder gar im selben Hotel stattfindet ...

Und, wenn Sie Nichtraucher/-in sind: vermerken Sie Ihren Wunsch nach einem entsprechenden Zimmer.

Und dann endlich reisen Sie an.

Womit wir schon bei Ihrer Anreise wären ...

Die Anreise

Wer zu spät kommt, der steht auf jeden Fall im Mittelpunkt der Aufmerksamkeit ... Falls Sie das nicht wollen, gilt der ultimate Tip:

Reisen Sie rechtzeitig an. Am besten in aller Ruhe am Tag vorher, wenn Sie eine weitere Strecke zurücklegen müssen.

Nachts um 2 Uhr 30 aufstehen, sieben Stunden Autofahrt, einchecken im Hotel und ab ins Seminar ... Gehetzter geht's nicht. Jetzt, wo Sie alle ihre Energien brauchen, sind *Sie* bereits erschöpft. Rushhour, Staus, Ihr Rücken schmerzt eventuell vom Autofahren – wo soll da der Seminarerfolg herkommen?

Besser ist es, Sie sind am ersten Tag ausgeruht, entspannt und haben genug Energie für Ihre Neugierde dabei. Schlendern Sie entspannt in den Seminarraum und suchen Sie sich den für Sie besten Platz aus!

Wenn Sie mit dem Zug reisen, können Sie zudem die Reisedauer ideal zum Lesen nutzen – beschäftigen Sie sich mit den vor Ihnen liegenden Themen, stimmen Sie sich allmählich ein, genießen Sie Ihre Vorfreude.

Vielleicht gönnen Sie sich am Abend Ihrer Anreise ein schönes Essen, oder nutzen die Annehmlichkeiten des Hotels. Wann waren Sie zuletzt schwimmen oder in der Sauna? Vielleicht gönnen Sie sich sogar eine Ayurveda-Massage?

Betrachten Sie die Anreise bereits als Teil des Seminars. Und Ihr persönlicher Seminarerfolg hängt unter anderem natürlich besonders davon ab, wie sehr Sie die zwei oder drei Tage genießen können.

Ärger, Streß, Zeitknappheit – dies alles kostet viel und wertvolle Energie, die Ihnen dann zum Lernen fehlt.

Fangen Sie doch lieber schon bei der Anreise mit dem Geniessen an! Reisen Sie einfach ruhig und entspannt ... und schalten Sie Ihr **Handy** aus, sobald Sie angekommen sind. Besser noch, Sie lassen es ganz auf Ihrem Zimmer. Was wollen Sie damit im Seminarraum? Gönnen Sie sich doch mal zur Abwechslung eine handyfreie Zeit!

Und dann sind Sie schon mittendrin im **Seminar** ...

Kapitel 2

Unmittelbar dabei

- Übernehmen Sie die volle Verantwortung für Ihren Erfolg
- Knüpfen Sie Kontakte

Übernehmen Sie die volle Verantwortung für Ihren Seminarerfolg

Wie bitte? Wer? Ich? Und – ähm – was ist mit dem Kursleiter ...?

Ja, Sie. Wenn nicht Sie, wer dann?

Wenn *Sie* möglichst viel aus einem Seminar heraus-*holen* wollen, wer muß dann "diesen Job" machen? Wer kann ihn überhaupt machen? Nur Sie und niemand sonst. Sie sind die Pflanze, der Trainer ist nur der Gärtner (s. S. 9).

Es ist eine sehr nützliche Sichtweise, sich diese volle Verantwortung noch einmal unmittelbar vor dem Seminar bewußt zu machen. Überlegen Sie einmal mit:

Niemand außer Ihnen weiß wirklich, OB Sie verstehen, worum es geht. Das heißt, Sie sind verantwortlich dafür, daß Sie verstehen, worum es geht. Denken Sie an die goldene Seminarregel: Störungen haben Vorrang. Und wenn Sie etwas nicht verstehen, ist das eine empfindliche Störung. Fragen Sie nach, melden Sie sich. Es gibt keine dummen Fragen, es gibt nur dumme Antworten.

Niemand außer Ihnen weiß wirklich, WAS Sie interessiert. Das heißt, Sie sind verantwortlich dafür, daß Sie auch das erfahren, was Sie interessiert. *Inter esse* heißt „dabeisein". Und es ist genau der Klebstoff, mit dem die Informationen bei Ihnen im Gehirn haften bleiben. Sorgen *Sie* also dafür, genug Interessantes zu erfahren.

Niemand außer Ihnen weiß wirklich, bei welchem Thema SIE eine Vertiefung WÜNSCHEN. Das heißt, Sie sind verantwortlich dafür, daß auch die Themen vertieft werden, die Ihnen zu oberflächlich abgehandelt erscheinen.

Solange auch Trainer/-innen keine Gedanken lesen können, liegt es an Ihnen, das einzufordern, was Sie in diesem speziellen Seminar gerne erfahren möchten. Aber bitte: bleiben Sie fairerweise im Rahmen des eigentlichen Seminarthemas. Beherzigen Sie dies, so wird jede gute Seminarleitung dankbar für Ihr Interesse sein und Ihre Wißbegierde stillen.

Überhaupt: Je mehr Sie sich einbringen, desto mehr holen Sie heraus. Aus sich selbst und aus dem Seminar. Da kommt mir schon das Gleichnis vom *Säen und Ernten* in den Sinn. Nur was Sie einbringen, können Sie – logisch – herausholen.

Je mehr Sie sich mit dem zu Lernenden beschäftigen, desto mehr Aufmerksamkeit widmen Sie dem Lernstoff und den betreffenden Gehirnregionen in Ihrem Kopf. Da aber immer das wächst, worauf wir unsere

Aufmerksamkeit richten, wird unser Verständnis mit jeder Frage, mit jeder aktiven Beteiligung, mit jeder Überlegung größer.

Je mehr Sie sich beteiligen, desto lebendiger und spannender wird das Seminar – in erster Linie für Sie, aber auch für die anderen.

Natürlich können Sie auch einfach nur so dasitzen und das Seminar konsumieren. Aber dann holen Sie eben auch nur einfach so etwas heraus. Mit Sicherheit aber nicht das Best(möglich)e.

Nach 12 Jahren Praxis als Trainer und Seminarleiter kann ich Ihnen versichern: Es sind immer die Teilnehmer/-innen am zufriedensten, die sich aktiv beteiligen und für ihren Lernerfolg die volle Verantwortung selbst übernehmen.

So vor vielen anderen fragen, auftreten, etwas tun, das liegt Ihnen nicht, sagen Sie?

Dann fangen Sie klein an. Stellen Sie Ihrem Nachbarn eine Frage. Tasten Sie sich dann mit vorsichtigen Fragen an die Seminarleitung heran. Steigern Sie sich nach Ihrem Mögen.

Überhaupt, das Mögen: Jedes Vermögen kommt von Mögen. Jedes intellektuelle, handwerkliche, jedes finanzielle Vermögen. Auch das Vermögen, sich aktiv in ein Seminar einzubringen. Wählen Sie am Anfang Themen, die Sie persönlich mögen, die Sie begeistern. Und Sie werden sehen, es ist ganz leicht. Wahrscheinlich wird man Sie sogar schnell für einen Experten halten.

Also: Es ist Ihr Seminar. Es ist Ihre Zeit, Ihr Geld. Warten Sie nicht darauf, daß die Seminarleitung etwas tut. Sorgen Sie dafür, daß Sie auch das bekommen, was Sie wollen. Übernehmen Sie die volle Verantwortung für Ihren Seminarerfolg. Geniessen Sie es.

Und geniessen Sie die Pausen.

Womit wir schon bei Ihren neuen **Kontakten** wären ...

Knüpfen Sie Kontakte

Ein weiterer Grund, Ihr Handy auf dem Zimmer zu lassen ... so kommen Sie erst gar nicht in Versuchung, in den Pausen mal eben schnell im Büro anzurufen, Kundenwünsche, Emails oder SMS zu bearbeiten oder dergleichen.

Seminarzeit ist *Auszeit* vom Alltag.

Wenn Sie in den Pausen Ihren normalen Geschäften nachgehen, sind Ihre Gedanken auch in der halben Stunde nach dem Pausenende noch bei diesen Geschäften. Während das Seminar schon wieder läuft. Ihre Konzentration ist damit zerrissen: teilweise ist sie bei Ihren Geschäften und nur ebenso teilweise beim

Seminar (für das Sie – Sie! – aber *voll* bezahlt haben, nicht wahr?) Hmm ...

Entspannen Sie sich lieber. Ihr Alltag hat Sie ohnehin früh genug wieder.

Sie können aber nicht so gut *LOSLASSEN*, sagen Sie? Wie gut, daß es auch zu diesem Thema Seminare gibt (z.B. bei einem gewissen Michael H. Buchholz, Kontaktadresse siehe Seite 73 ... ☺).

Nutzen Sie die Pausen, um das Gelernte mit anderen zu diskutieren. Dabei lernen Sie die anderen kennen. Wo treffen Sie noch so leicht so viele Gleichgesinnte an einem Ort versammelt an wie in einem Seminar?

Wer könnte zu einem interessanten Knoten in Ihrem persönlichen Netzwerk werden? Sie werden es nie erfahren, wenn Sie sich nicht mit möglichst vielen der Anwesenden unterhalten.

„Bewaffnen" Sie sich mit reichlich Visitenkarten. Wenn Sie die Ihren verteilen, erhalten Sie meistens die Visitenkarten Ihrer Gesprächspartner zurück.

Notieren **Sie sich wichtige Stichworte zu der Ihnen neuen Person.** Wann? Jetzt. Nicht später, am besten sofort. Wo? Auf der meist blanken Rückseite. Das zeigt Interesse an Ihrem Gegenüber und verrät zugleich Professionalität.

Fragen Sie darum Ihre Gesprächspartner immer auch nach deren Interessen. Hierzu ein Stichwort notiert kann für Sie Monate später goldeswert sein.

Ein Beispiel: Angenommen, Sie sind Journalist. Richtig, da war doch der Daniel auf dem Aha!-Seminar, der ist Kunsthistoriker *und* Hobbykoch, der weiß bestimmt was zu meinem geplanten Artikel über die Kochgewohnheiten des Mittelalters beizusteuern …

Gut, wenn Sie die Karte mit dem Hinweis *Hobbykoch* dann wiederfinden, oder? Darum stecken Sie die „erbeuteten" Visitenkarten nicht achtlos in die Brieftasche, sondern sammeln Sie sie ein und behandeln Sie sie wie kostbare Artefakte auf einer Expedition.

Aber auch wenn Sie keine neuen Knoten für Ihr Netzwerk entdecken …

Um viele Dinge zu *verstehen*, müssen wir sie oft erst aus- und an*sprechen*. Je mehr wir darüber reden, desto mehr verstehen wir.

Ein jeder sieht ein Seminar zudem aus seinem eigenen, individuellen Blickwinkel heraus.

Es kann ungemein spannend sein, die eigene Sichtweise des Lernstoffes mit den Blickwinkeln der anderen zu vergleichen. Also, holen Sie *noch* mehr heraus ...

Auch abends bietet sich Ihnen reichlich Gelegenheit, bei einem Glas Wein (oder was immer Sie mögen) über das heute Erlebte zu diskutieren.

Manche wertvolle Bekanntschaft wurde schon im Seminar geschlossen. Ich erlebe es immer wieder, daß gemeinsam besuchte Seminare Menschen dauerhaft zusammenbringen, die sich sonst kaum über den Weg gelaufen wären. Zufälle gibt's ...

Eben nicht.

Ich selbst bin – wie die Leser/-innen meiner anderen Bücher wissen – ein Anhänger der Idee, daß Zufälle nicht existieren.

Insofern sind auch die Menschen, die beschließen, an einem ganz bestimmten Tag ein ganz bestimmtes Seminar zu besuchen, niemals rein zufällig *genau in dieser* Gruppenkonstellation zusammen getroffen.

Wenn Sie solche Zuammenhänge interessieren, nehmen Sie Kontakt mit mir auf. Ich nenne Ihnen gern entsprechende Quellen und Literaturhinweise.

Für heute rate ich Ihnen: Nutzen Sie die Fügungen, wenn Sie sie zu erkennen vermögen ...

Und plötzlich ist es vorbei, und es beginnt die Zeit **danach** ...

Kapitel 3

Und danach

- Die Abreise
- Beachten Sie die 72-Stunden-Regel
- Beherzigen Sie das 21-Tage-Phänomen
- Holen Sie sich das Gelernte gleich mehrfach (wieder)

Die Abreise

Der Alltag hat Sie wieder ... nein, noch nicht ganz, nicht wahr?

Noch sind die Eindrücke bei Ihnen frisch.

Nutzen Sie deshalb die entspannte Rückreise (auch hier ist der Zug als Verkehrsmittel ideal), um die gesammelten Eindrücke mit Ihren schriftlichen Kommentaren zu versehen.

Stichpunkte reichen aus, wichtig ist vor allem, daß Sie nicht zu lange warten.

Manches, was Sie erfahren haben, bringt vielleicht Fragen mit sich. Wie können Sie das Gelernte in die Praxis umsetzen?

Fragen Sie sich:

1. Was muß ich *genau* tun (und wann), um das Gelernte in die Praxis umzusetzen?

2. Habe ich dafür die *Zeit*? Was sagt mein Terminkalender? Hilft mir ein Handlungsplan? Wann erstelle ich den?

3. Sind mir die einzelnen *Schritte* klar, wie aus der Idee eine Tat wird?

4. Wie kann ich *beginnen*, und wann ist der richtige Zeitpunkt dafür?

5. Was könnte mich *hindern*, anzufangen?

6. Was kann ich *tun*, um diesen Hinderungsgrund zu umgehen bzw. ihn aufzulösen? Welche Belohnungen, die ich mir selbst verspreche, könnten mich über den Punkt des Zögerns hinausbringen?

Jede Idee, die Sie im Seminar bekommen haben, ist nur so gut wie Ihr Vermögen, sie in eine konkrete Handlung umzusetzen. Auch hier ist Ihre volle Verantwortung für Ihren Seminarerfolg entscheidend.

Jedes Vermögen kommt von Mögen. Fangen Sie darum mit den Ideen an, die Sie besonders spannend, begeisternd oder reizvoll finden. Hier stellen sich erste Erfolge am schnellsten ein. Das gibt Mut für weitere Aktivitäten.

WICHTIG – Ihnen muß bei jeder Idee ganz klar sein, was Sie *genau* zu tun haben. „Gewußt wie," nannte es Goethe.

Machen Sie sich diese Gedanken möglichst bald nach dem Seminar, am besten auf der ruhigen und entspannten Rückreise. Spätestens aber am Tag nach dem Seminar.

Ich behaupte, diese Nachlese ist wichtiger als das Seminar selbst. Denn nur, was Sie wirklich um- und einsetzen, ist das, was Sie auch aus dem Seminar herausgeholt haben. *Nur dafür* sind Sie hunderte von Kilometern gefahren, *nur dafür* haben Sie – mit Ihrer Lebenszeit, mit Ihrem Geld (oder beidem) – bezahlt.

Um noch einen deutschen Dichter zu zitieren: „Es geschieht nichts Gutes, außer – man tut es" (Erich Kästner).

Wann fangen Sie an? Gute Frage.

Die Zeit läuft ... und Ihr Unterbewußtsein sieht Ihnen dabei neugierig über die Schulter. Neugierig darauf, was und ob Sie etwas tun werden.

Womit wir schon bei der 72-Stunden-Regel wären ...

Machen Sie Ihren ersten Schritt binnen 72 Stunden!

Wenn Sie mit der Umsetzung des Gelernten nicht innerhalb von 72 Stunden – also binnen 3 Tagen – anfangen, versteht Ihr Unterbewußtsein dies als Entscheidung, überhaupt erst gar nicht anzufangen.

Es sagt sich ungefähr dies: „Na, wenn mein(e) Besitzer(in) innerhalb von 72 Stunden nicht einmal den ersten Schritt unternimmt, dann kann die Sache ja nicht *soooo* wichtig sein. Dann gibt es andere Dinge, um die ich mich vorrangig kümmern muß."

UND ES WIRD SICH – verlassen Sie sich darauf – ANDEREN DINGEN ZUWENDEN!

Das verraten uns Forschungen aus der Lernpsychologie. Diese Verhaltensweise Ihres Unterbewußtseins ist so entscheidend wichtig für jede Form von Erfolg, daß ich ihr ein eigenes Kapitel in meinem Buch „Alles was du willst", erschienen im Omega Verlag, Aachen, gewidmet habe. Dort finden Sie es beschrieben als die 31. Regel der *36 Universellen Erwerbsregeln© für ein erfülltes Leben*.

Die meisten Menschen haben tolle Ideen. Oder sie treffen tolle Entscheidungen. Nur leider machen viele ihren ersten Schritt nicht innerhalb dieser entscheidenden 72 Stunden.

Woraufhin alle tollen Vorsätze in der Versenkung verschwinden, als hätte es sie nie gegeben. Schade.

Wenn Sie möglichst viel aus jedem Seminar herausholen wollen, liegt meiner Ansicht nach der eigentliche Schwerpunkt gar nicht im Seminarbesuch selbst.

> Sondern in den 72 Stunden danach.

Die volle Verantwortung für Ihren Seminarerfolg beginnt – paradoxerweise – erst richtig, wenn das Seminar zu Ende ist.

Haben Sie ihren ersten Schritt innerhalb von 72 Stunden getan?

Ich gratuliere Ihnen. Dann heißt es jetzt für Sie – dranbleiben.

Womit wir schon bei dem **21-Tage-Phänomen** wären ...

Beherzigen Sie das das 21-Tage-Phänomen

(Abb.: „Beherzige das 21-Tage-Phänomen", aus dem 84 Karten umfassenden intuitiven Kartenset „VAYA – das universelle Kartendeck für ein erfülltes Leben", von Michael H. Buchholz, erscheint im Aniris Verlag 2003)

Dies ist eine weitere der *36 Universellen Erwerbsregeln© für ein erfülltes Leben* aus meinem Buch "Alles was du willst".

Dieses Phänomen benennt die Untergrenze an Tagen, die Sie „dran bleiben" müssen: 21 Tage.

Erst nach Ablauf von MINIMAL 21 Tagen kann Ihr Unterbewußtsein neue Handlungsabläufe, Verhaltensweisen, Arbeitstechniken (oder was auch immer Sie aus Ihrem Seminar mitgebracht haben), *automatisieren*.

Erst dann fängt es an, sie unbewußt für Sie zu steuern. Für Sie heißt das: bleiben Sie wenigstens diese 21 Tage am Ball. In diesem Zeitraum üben Sie.

Wann beginnt jedes Training? Immer erst nach dem Seminar.

Wenn Sie Ihre neu erworbenen Ideen, Verhaltensweisen, Methoden oder was auch immer wenigstens diese 21 Tage lang wiederholt trainieren, haben Sie eine reele Chance, daß Ihnen Ihr Seminarwissen auch in Fleisch und Blut übergeht.

Ich wiederhole: NUR wenn Sie so vorgehen, haben Sie diese Chance auf eine tatsächlich stattfindende Weiterentwicklung.

Um sich zu ent*wickeln*, müssen Sie Lage um Lage Ihres bisherigen Verhaltens – wie bei einer Mumie – sorgfältig ab*wickeln*.

(Abb.: „Entwicklung – Stillstand", ebenfalls aus VAYA)

Nur so können Sie an das wertvolle Innere herankommen. (Deswegen heißt dieses Handbuch ja auch „Wie du das Beste aus Dir herausholst"). Das braucht nun mal Zeit und geht nicht von jetzt auf gleich.

Im Alltagsgeschehen aber geht genau das sehr schnell unter. Halten Sie sich deswegen an Ihren Trainingsplan (den Sie idealerweise schon während Ihrer Rückreise entwickelt haben). Sie haben ihn doch entwickelt, oder? Prima.

Auch wenn Ihnen 21 Tage *laaang* erscheinen – niemand verlangt von Ihnen, rund um die Uhr zu üben.

Aber vereinbaren Sie mit sich feste Übungszeiten. Erschaffen Sie sich Übungsrituale. Rituale finden nach festgelegten Regeln an festbestimmten Zeiten statt.

Alle unsere Feste heißen Feste, weil sie im Kalender fest verankert sind.

Jeden Tag 15 Minuten festes Training bringen mehr als ab und an mal ein bißchen üben, je nach Lage der Dinge.

Die Dinge liegen immer anders, und ehe Sie sich versehen, ist der neue Schwung, den Sie aus dem Seminar mitgebracht haben, für alte Dinge draufgegangen.

Und Sie machen weiter wie bisher. Ein teures Seminar, finden Sie nicht auch?

Holen Sie auch hier *wieder* das Beste aus sich und aus dem Seminar heraus.

Womit wir schon bei dem Wiederholen wären ...

Holen Sie sich das Gelernte gleich mehrfach wieder

Machen Sie sich die neueren Erkenntnisse der Lernforschung zunutze ...

Ich wiederhole mich hier gern: Wiederholen kommt von „wieder holen". Je mehr Sie etwas wiederholen, desto öfter holen Sie es *sich* wieder (bis daraus eine neue, konstruktive Gewohnheit geworden ist).

Sie können auf **zwei Ebenen** üben:

Sie üben wirklich und real. In der Praxis, körperlich, gewissermaßen zum Anfassen – zum *Begreifen*. Wie Sie es bei jedem neuen Handy tun ...

Sie üben mental mit Hilfe Ihrer Vorstellungskraft. Allein die Vorstellung etwas zu tun *übt* die entsprechende Fähigkeit ein und *vertieft* sie. Legen Sie sich dazu hin, schließen Sie die Augen und stellen Sie sich so genau wie möglich vor, *wie* Sie tun, was Sie tun wollen.

Ideal ist die Kombination aus beidem. Alle erfolgreichen Sportler wenden diese beiden Ebenen im steten Wechsel an. Boris Becker z.B. hat in Interviews häufig von seiner *mentalen* Fitness erzählt.

Die praktische Umsetzung fällt Ihnen übrigens umso leichter, je intensiver Sie mentales Training einsetzen.

Es gab vor Jahren in den USA einen spektakulären Versuch mit Rekruten. Zuerst brachte man allen den technischen, physikalischen Umgang mit einer Pistole bei. Dann trennte man sie in zwei Gruppen. Dabei ließ man die eine Hälfte reales Pistolenschießen auf Scheiben üben, während die andere Hälfte nur mit Hilfe ihrer Vorstellungskraft den gesamten Bewegungsablauf immer wieder und wieder probte (ihn sich *wieder* ins Bewußtsein *holte*).

Für Sie aufschlußreich am Rande: man ließ die Rekruten genau 21 Tage lang üben ...

Bei einem anschließenden vergleichenden Wettschießen gab es *keinen* erkennbaren Unterschied in der Treffer-Leistung der beiden Gruppen.

Sagen Sie nie mehr, Sie hätten keine Zeit zum Üben. Dann nutzen Sie eben Ihre unvermeidlichen Wartezeiten und trainieren genau dann in Ihrer Phantasie.

Lassen Sie mich zum Schluß dieses Fazit ziehen: Wissen ist nur dann etwas wert, wenn es (von Ihnen) angewendet und (von Ihnen) in Handlung umgesetzt wird.

Je aktiver Sie sich ins Seminargeschehen davor, mittendrin und danach einbringen, desto mehr lohnt es sich für Sie.

Möge Ihnen dies von heute an viel leichter gelingen.

Herzlichst
Michael H. Buchholz
Hannover, im Mai 2003

Kontaktadresse:

Falls Sie an mich weitere Fragen haben, weitere Exemplare des vorliegenden Handbuchs bestellen oder mehr über mentales Training erfahren wollen, wenden Sie sich gern an das

> **mindFrame© Mentaltraining**
> Institut für Persönlichkeits- und
> Unternehmensentwicklung
> Michael H. Buchholz
> Am Alten Gehäge 46
> 30657 Hannover
> Fon: 0511 - 77 12 24 • Fax: 0511 - 60 680 60
> info@mindframe.de
> www.mindframe.de

Haben Sie herzlichen Dank für Ihre Aufmerksamkeit. Es hat mich gefreut, diese Zeilen für Sie zu schreiben.

Wenn Sie die Tips als hilfreich empfanden, empfehlen Sie bitte dieses Handbuch weiter. Vielen Dank.

Gute-Laune-Generator:

Sollten Sie einmal mitten in einem Seminar, auf einem zugigen Bahnhof oder sonstwo einen kräftigen Schuß guter Laune benötigen – betrachten Sie einfach für etwa 60 Sekunden das Bild (den „Gute-Laune-Generator") auf der nächsten Seite.

Er wirkt garantiert!

Probieren Sie es aus.

Weshalb wirkt es? fragen Sie vielleicht. Nun, Sie sind darauf „geeicht", ein Lächeln als etwas Positives anzusehen. Was für Sie positiv belegt ist, löst über einen biochemischen Prozeß in Ihrem Körper stets die Produktion von Wohlfühlhormonen aus. Nach etwa 60 Sekunden „Gute-Laune-Generator"-Betrachten beginnen diese Hormone in Ihnen zu kreisen. Und nach etwa zehn Minuten hat sich Ihre Stimmungslage spürbar gebessert. Garantiert.

Über den Autor

Michael H. Buchholz ist seit über 12 Jahren erfolgreicher Trainer für persönliche Weiterentwicklung, Selbstmanagement und effektiven Umgang mit der Zeit.

Viele Tausend Seminarteilnehmer/-innen erlebten ihn begeistert in firmeninternen und öffentlichen Seminaren.

Er ist Gründer des mindFrame© Mentaltraining Instituts für Persönlichkeits- und Unternehmensentwicklung in Hannover.

Weitere Veröffentlichungen:

Alles was du willst
Die Universellen Erwerbsregeln für ein erfülltes Leben
Omega Verlag, Aachen,
ISBN 3-930243-19-9
240 Seiten, gebunden

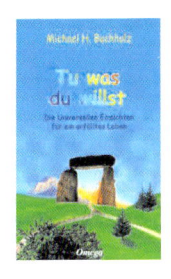

Tu was du willst
Die Universellen Einsichten für ein erfülltes Leben
Omega Verlag, Aachen,
ISBN 3-930243-27-X
260 Seiten, gebunden

VAYA - die Universellen Karten für ein erfülltes Leben
Ergänzend zum und basierend auf dem Bestseller „Alles was du willst":
84 exklusiv gemalte Karten **mit Begleitbuch** zur intuitiven Erkenntnis als auch zur aktuellen persönlichen Situationsdeutung (zusammen mit Petra Kufner).
Die Bilder sprechen über ihre Symbole direkt das Unterbewußtsein an und führen zu innerer Klarheit.
Aniris Verlag, Sehnde, ISBN 3-937281-01-0, 220 S. geb.

Wenn Sie mehr von Michael H. Buchholz lesen wollen: etwa einmal jeden Monat erscheinen neue Artikel von ihm auf seiner Internetseite

www.mindframe.de

Alle Bücher von Michael H. Buchholz ...

... können Sie in jeder guten Buchhandlung beziehen. Oder Sie bestellen direkt und bequem bei uns:

ANIRIS

Verlag und Vertrieb
Wilbert Kronisch
und Partner GbR

Vor dem Berge 18
D-31 319 Sehnde

Fon 05138 - 605 706
Fax 05138 - 605 707
www.aniris.com
info@aniris.com